JN411861

너는 무엇이 되고 싶니?

김준근 풍속화에서 만나는 조선 사람들

천천히읽는책_86

너는 무엇이 되고 싶니?

김준근 풍속화에서 만나는 조선 사람들

글 김용옥 | 그림 홍재윤

펴낸날 2026년 2월 3일 초판1쇄
펴낸이 김남호 | 펴낸곳 현북스
출판등록일 2010년 11월 11일 | 제313-2010-333호
주소 07207 서울시 영등포구 양평로 157 투웨니퍼스트밸리 801호
전화 02)3141-7277 | 팩스 02)3141-7278
홈페이지 http://www.hyunbooks.co.kr | 인스타그램 hyunbooks
ISBN 979-11-5741-455-0 73600

책임편집 류성희 | 디자인 나모에디트 | 마케팅 송유근 함지숙

이 도서는 2025년 문화체육관광부의 '중소출판사 도약부문 제작지원' 사업의 지원을 받아 제작되었습니다.

너는 무엇이 되고 싶니?

글 김용옥 | 그림 홍재윤

김준근 풍속화에서 만나는 조선 사람들

현북스

차례

1. 이루다의 꿈은 놀이 마법사 6

2. 조선에서 놀다 18

3. 장터에 가다 48

4. 빨리 찾아야 할 텐데! 66

5. 누나의 비밀은? 79

6. 또 하나의 꿈 90

7. 루다는 누구를 만난 걸까? 103

8. 김준근에 대해 더 알아볼까요 108

[신문] 루다가 아는 김준근의 모든 것

글쓴이의 말 118

그림을 그리며 122

이 책에 모사한 김준근 그림 출처 126

1. 이루다의 꿈은 놀이 마법사

'오늘은 뭐 하고 놀지? 좀 색다르고 신나는 놀이 없을까?'

루다는 오늘도 눈을 반짝이며 주위를 둘러보았다.

"놀이 박사, 오늘은 무슨 놀이 할 거야?"

"오늘은 새로운 놀이를 찾으러 도서관에 갈 거야."

놀이에 대해 아는 게 많고 늘 연구하는 루다를 친구들은 '놀이 박사'라고 불렀다.

얼마 전 루다는 우리나라 문화를 바탕으로 한 애니메이션을 보았다. 울컥 눈물이 나고 심장이 쿵쿵 뛰었다. 그 애니메이션을 보고 또 보았다. 노래를 따라 불렀다. 한복이 입고 싶어졌다. 한복을 입고 아빠, 엄마와 함께 궁궐에 갔다. 공주처럼 우아하게 걸어 보았다. 박물관도 갔다. 갓도 가까이서 자세히 보았다. 박물관의 유물들을 보고 애니메이션을 만들었구나 하고 깨달았다.

그때부터 루다의 꿈은 '놀이 박사'에서 '놀이 마법사'로 바뀌었다.

'세상을 바꾸는 놀이 마법사가 되고 싶다.'

놀이는 그냥 노는 게 아니다. 놀면서 친구와 친해지고, 마음이 자라고, 세상도 배운다. 놀이로 주위 사람들을 행복하고 즐겁게 만드는 마법사가 되고 싶어졌다.

루다는 도서관에 도착했다. 놀이에 대한 책을 찾는 척하면서 도서관 선생님을 슬쩍 봤다. 도서관 선생님이 고양이처럼 눈을 가늘게 뜨고 루다를 보았다.

'앗, 유치원 때처럼 책 쌓기 놀이와 책 집 짓기 놀이를 할 거라 생각하시는 건가?'

사실 도서관 선생님이 보지 않는다면 그렇게 놀까, 잠깐 아주 잠깐 생각했었다.

"도서관에는 읽는 책만 있지는 않아."

'이크!'

루다는 마음을 들킨 것 같아 손을 모으고 도서관 선생님을 향해 허리를 90도로 굽혔다. 최대한 상냥하게. 그러고는 발꿈치를 들고 살금살금 책장으로 가서 책을 살펴보았다.

반가운 제목의 책이 눈에 들어왔다. 마치 루다를 기다리고 있던 책 같았다.

《한국의 놀이》, 스튜어트 컬린 지음

루다는 얼른 책을 꺼내 펼쳤다. 그림이 나왔다. 그림 오른쪽 위에 제목이 가로로 길게 씌어 있었다.

"양모는뛰널? 이게 무슨 말이래?"

루다는 오른쪽으로 고개를 꺾어 오른쪽에서 왼쪽으로 읽었다.

널뛰는 모양

눈싸매기하는 모양

'널뛰는 모양'이었다.

'널뛰기'는 널빤지의 양쪽 끝에 한 사람씩 올라서서 번갈아 뛰어오르는 거다. 작년 설날에 처음 널뛰기했던 기억이 났다. 처음엔 널빤지 위에서 휘청거려서 아빠, 엄마가 양손을 잡아 주었다. 나중에는 하늘의 날아가는 새라도 잡을 듯이 펄쩍펄쩍 뛰어올랐다. 그림을 자세히 보니 긴 나무판 가운데에 거적 같은 짚단을 놓아 고임 받침으로 사용했다.

또 몇 장을 넘겼다.

'눈싸매기하는 모양'이라는 제목의 그림이 나왔다.

여자아이들이 눈을 가리고 손뼉을 치며 도망가고 있었다. 지금 우리가 하는 술래잡기랑 비슷해 보였다.

책 옆에 적힌 설명을 읽었다.

술래인 사람의 눈을 가리는 놀이로, '까막잡기'라고도 한다. 술래를 '순라'라고도 했는데, 순라는 밤에 돌아다니면 잡아가는 야간 경비원이다. 가장 긴 지푸라기를 뽑은 사람이 순라가 된다. 그 지푸라기를 '순라밥'이라 하는데, '야간 경비원의 식사'라는 뜻이다. 야간 경비원은 좋은 것을 먹을 수 있었는데, 거기서 이름이 지어졌다.

루다는 술래잡기하던 때가 생각났다. 술래가 되면 눈을 감자고 루다가 말했는데, 루다가 술래가 되었다. 눈을 감으니 앞이 깜깜하고 바로 넘어질 것 같았다. 눈을 살짝 떴다가 아이들에게 엄청 욕을 먹었다. 그래서 바로 '경도(경찰과 도둑)'를 하자고 했다. 경찰이 되어 도둑을 잡느라 땀을 뻘뻘 흘리며 뛰어다녔다. 그다음엔 도둑이 되었는데, 금방 잡히고 말았다. 얼굴을 찡그린 채로, 속으론 웃으면서 감옥에서 편히 쉬었다.

또 몇 장을 넘기니 '계집아이 자혜 뛰는 모양(공기놀이)'이라는 그림이 나왔다.

"자혜?"

설명에 '자혜는 동전이고, 집 안에서 하는 놀이로 베개 위에서 한다'고 나와 있었다.

"공기를 동전으로 했구나."

루다 소리가 컸는지 도서관 선생님이 루다를 보고 손가락을 입에 갖다 댔다.

'시끄러운 소리가 날까 봐 베개 위에서 했다니, 그림 속 아

계집아이 자혜 뛰는 모양(공기놀이)

이들처럼 나도 소리 내지 않도록 조심해야지.'

그림 제목 밑에 도장이 찍혀 있었다. 그림에 찍은 도장은 '낙관'이라고 배웠다.

"아, 한자를 몰라서 이름을 모르겠네. 재미난 옛날 놀이를 이렇게 생생하게 그리다니. 대단하신 분이겠지."

루다는 다른 그림도 더 보고 싶고 더 알고 싶어졌다. 급하게 책의 다음 장을 펼치는데 그림 한 장이 팔랑, 떨어졌다.

한 여자아이가 그네 위에서 하늘로 날아오르고 있는 그림이었다. 사람들이 모여서 그네 타는 걸 보고 있었다. 그 구경하는 사람들을 보다가 끄트머리에 있는 아이를 보고 루다는 입을 쩍 벌리고 말았다.

"이건 나잖아?"

루다는 놀라서 종이를 확 잡아당겼다. 그 바람에 종이 끝이 살짝 찢어졌다. 루다는 얼른 주위를 살폈다. 도서관 선생님과 눈이 딱 마주쳤다. 고양이같이 가늘게 눈을 떴던 도서관 선생님의 눈이 동그랗게 펴지며 루다를 보고 씩 웃었다.

갑자기 이전에 도서관 선생님이 한 말이 생각났다.

"루다야, 도서관에는 마법의 장소가 있어."

루다는 다시 그림을 보았다. 루다를 빤히 보는 한 남자아이와 눈이 마주쳤다.

갑자기 그림 속에서 빛이 나왔다.

"어, 어!"

루다는 그 빛 안에서 빙글빙글 돌았다.

단오에 산에 올라 추천하고

2. 조선에서 놀다

"어이쿠!"

루다는 어디론가 '툭' 떨어졌다. 그림 속 루다처럼 엉덩방아를 찧었다.

소나무에 그네가 매어져 있었고, 나무 주위에 사람들이 모여 있었다. 한 언니가 그네 위에서 발을 굴러 높이 올라갔다 내려왔다.

보통 이런 상황이 되면 "아니, 이곳은 어디지?"라는 쓸데없는 대사를 하거나, 아니면 낯선 아이를 만나 "너, 어디서 왔니?" 같은 불필요한 질문을 받고는 "방금까지 도서관에 있었는데……" 하는 역시 불필요한 답을 하고 깜짝 놀란 표정을 짓는다. 루다는 드라마나 책에서 이런 비슷한 설정을 많이 봐 왔다.

'드디어 나에게도 기회가 왔구나. 이 상황을 좀 즐겨 볼까. 이것이 바로 놀이 마법사의 자세다. 음하하.'

루다는 툭툭 털고 얼른 일어났다.

루다는 이미 12년 동안 살면서 별별 일을 다 겪었다. 그래도 조금은 불안했다.

'혹시 옷을 안 입고 있는 것은 아니겠지?'

얼른 몸을 살폈다.

'오~예!'

이 세계로 보낸 분이 누군지는 모르지만 센스가 있다. 한복을 입고 있을 뿐 아니라, 한복 색깔도 이전에 입었던 옷과 맞추어 주었다. 빨간색 상의에 파란색 하의. '이 정도 센스 있는 분이라면 분명 어딘가에 루다를 다시 현재의 세계로 데

려다 줄 열쇠를 준비해 두었을 것이다.'

루다는 주위를 둘러봤다. 루다 또래로 보이는 남자아이와 눈이 딱 마주쳤다. 그림 속에서 루다를 쳐다봤던 아이였다. 루다는 그 남자아이가 처음부터 자신을 보고 있었을 거라는 생각이 들었다.

루다와 눈이 마주친 순간 남자아이는 얼른 몸을 돌리더니 엿장수에게로 갔다. 루다는 꿀꺽, 침을 삼켰다.

그 아이는 루다를 다시 물끄러미 쳐다보더니 느릿느릿, 조금씩 루다에게 다가왔다. 손에는 엿이 들려 있었다.

"너도 단옷날이라 나왔구나."

루다는 그 말에 배시시 웃는 걸로 답했다.

"나도 누나랑 같이 나왔어. 우리 누나 그네 잘 타지?"

아이의 눈을 따라 루다도 그네로 눈을 돌렸다.

몸을 앞뒤로 흔들며 리듬을 타더니, 그네는 점점 더 높이 날아올랐다. 저 정도로 높이 오르려면 무릎을 구부렸다 폈다 하면서 아주 잘 굴러야 한다. 뱃속이 간질간질하고 둥둥 떠

오르는 듯한 좋은 느낌, 루다도 같이 짜릿해졌다.

이 아이의 누나도 지금 순간만큼은 새처럼, 어디든 갈 수 있을 것 같은 기분일 것이다.

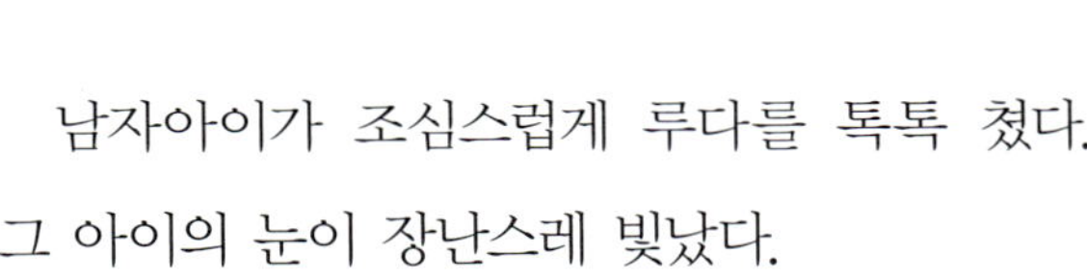

남자아이가 조심스럽게 루다를 톡톡 쳤다. 그 아이의 눈이 장난스레 빛났다.

"나는 개똥이라고 해."

'개똥이?'

입술을 꼭 깨물고 웃음을 꾹 참았다. 예전에는 귀한 아이일수록 이상한 이름을 붙였다고 한다. 그래야 오래 산다고. 이름 덕분인지 친근하게 느껴졌다.

"나는 이루다."

"지금 놀러 갈 거거든. 엿 줄게 나랑 같이 가지 않을래?"

"좋아."

엿을 안 준대도 따라갔을 거다. 개똥이를 따라가면 모든 비밀이 풀릴 것 같았다. 입속에서 엿이 달콤하게 녹았다.

마을 어귀에 도착했다.

"아이들이 돌 치기와 죽마 타기를 하고 있네."

"아, 나도 알아. 돌 치기는 일정한 거리에 돌을 던져 놓고 맞추는 거잖아. 죽마 타기는 대나무로 만든 말을 타고 노는 거고."

개똥이가 놀란 토끼 눈이 되어 루다를 보았다.

"잘 아는데! 저 앞의 두 아이는 깃발을 만들어 어깨에 맸지? 군대 놀이를 하는 거야."

개똥이는 말을 마치고는 부리나케 뛰어갔다. 루다도 개똥이를 따라 뛰어가려다 멈칫 섰다. 다 남자아이들뿐이었다. 그건 큰 문제가 아니었다. 루다가 놀 때는 그런 건 신경 안 썼으니까.

남자아이들이 루다를 온몸으로 거부하고 있었다.

그제야 이곳이 조선시대라는 실감이 났다. 루다는 일단 놀고 싶은 마음을 누르고 지켜보기로 했다. 조금 전 본 아이들과 다른 모습으로 죽마 타기를 하는 아이들도 있었다.

개똥이는 돌 치기를 하는 다섯 명에 끼었다. 개똥이는 아주 정성껏 돌을 골랐다. 아이들은 언제 루다한테 신경을 썼

아이들 노는 모양

죽마 타기

비석 치기

느냐는 듯, 바로 놀이에 빠져들었다.

개똥이는 돌을 세워 놓고 차례대로 돌을 던졌다. 앞에 4개의 돌이 보였다. 개똥이가 돌을 던졌고, 맞췄다.

"돌 치기는 비석 치기랑 비슷하네."

루다는 혼자서 괜히 중얼거렸다. 고개가 수그러지고 자꾸 어깨가 움츠러들었다.

루다는 어깨를 쫙 폈다.

"나는 놀이 마법사, 혼자라도 신나게 놀아야 한다."

루다는 땅바닥에 사방치기 칸을 그렸다. 주변에서 잘 굴러가지 않을 것 같은 돌을 아주 신중히 골랐다.

돌을 던지고 1단부터 시작했다. 한 발 뛰기는 자신 있다. 8단까지 성공하고 '하늘'이라고 쓰인 칸에 돌을 던졌는데, 개똥이가 왔다.

"이건 어떻게 하는 거야?"

루다는 대꾸하지 않고 묵묵히 사방치기를 끝까지 완수했다.

"말해도 모를 거야. 너는 다 놀았니?"

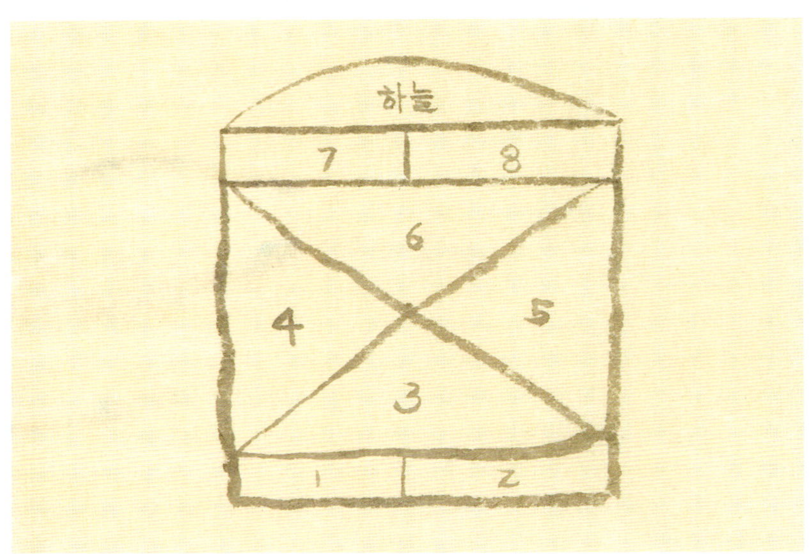

사방치기하는 방법

1. 가위, 바위, 보 등으로 먼저 할 사람을 정한다.
2. 시작 칸(1단)에 돌을 던져 넣는다(돌이 선을 넘거나 다른 칸에 들어가면 죽는다).
3. 한 발 뛰기로 돌이 있는 칸을 뛰어넘어 다음 칸으로 이동해서 끝까지 갔다 온다(돌이 1단에 있으면 1단을 밟지 않고 뛴다).
4. 되돌아오며 돌이 있는 칸 근처에서 돌을 집는다(돌을 떨어뜨리거나 중심선을 건드리면 죽는다).
5. 성공하면 다음 칸으로 진행해 같은 과정을 반복한다.
6. 8단까지 다 하고 나면 맨 앞으로 온다. 뒤돌아선 다음 하늘을 향해 돌을 던진다. 돌이 하늘에 들어가면 순서대로 한 발 뛰기를 해서 돌을 집어 들고 오면 이긴다.

루다는 자기도 모르게 입이 삐쭉거렸다.

"흥, 가자."

루다가 몸을 획 돌렸다.

개똥이가 고개를 갸우뚱거리며 쫓아왔다.

아이들이 언덕 위에서 연을 날리고 있었다.

"나도 연 날려 보고 싶다."

개똥이는 루다를 냇가 근처로 이끌었다.

"한번 만들어 보자. 여기엔 산대나무가 많이 자라. 마디가 짧고, 곧고 얇은 게 좋아."

루다는 손으로 대나무를 툭툭 두드려 보았다.

"그거 좋겠다. 줄기도 가느다랗고 좋은데!"

개똥이는 주머니에서 가죽으로 감싼 칼을 꺼내 잎과 마디를 잘라 냈다. 둘은 그 대나무 줄기를 무릎 위에 놓고 연 하나에 세 개씩, 여섯 개를 조심스럽게 깎았다. 손이 닿는 부분은 좀 더 둥글게 다듬었다.

다 다듬고 나자 개똥이는 갑자기 생각났다는 듯 말했다.

"혹시, 이거 네 가방이니?"

"오, 내 거야."

흰색 에코 백은 조선시대 것이라 해도 믿을 것 같았다. 루다는 앞날을 내다보는 자신의 안목에 감탄했다. 친구들이 촌스럽다고 구박했던 게 오히려 기쁠 지경이다.

'가방이 나를 따라오다니! 미션 수행을 위한 아이템 같은 건가, 헤헤.'

루다는 갑자기 뭐든지 할 수 있을 것 같은 기분이 들었다.

"종이가 필요한데……."

개똥이의 말에 저절로 웃음이 나왔다. 가방에는 종이뿐 아니라 놀거리를 만들 수 있는 모든 것이 들어 있다. 헝겊도, 실과 바늘도 있다.

개똥이가 눈치 못 채게 노트 몇 장을 얼른 찢었다.

"이 종이도 괜찮을까?"

개똥이는 종이를 보고 입이 공갈빵만큼 벌어졌다가, 바로 호떡처럼 활짝 펴졌다. 가위도 풀도 필요했다. 루다는 슬그머니 필통 안에서 가위와 풀을 꺼내 내밀었다. 개똥이가 이마를 살짝 찡그리더니 눈을 가늘게 뜨고 루다를 한참 쳐다보았다.

'앗, 내가 미래에서 온 걸 눈치챘나? 어쩌지……. 솔직히 말해야 하나?'

"너 뭐야. 서양 물건도 갖고 있고. 대단한데!"

루다는 격하게 고개를 끄덕였다.

종이를 자르고 풀을 발라 붙이는 건 같이했다. 개똥이가 종이 꼬리에 헝겊 조각을 잘라 길게 꼬아 붙이고, 줄 끝에 돌멩이를 묶은 뒤 연 틀과 이어 붙였다. 그동안 루다는 주변에서 적당한 나무 막대를 골라, 실을 감아 얼레를 대신했다. 어설프지만 연이 2개 만들어졌다.

자연에서 얻은 재료로 모든 놀이 도구를 만들 수 있다고 말한 놀이 선생님 말이 맞았다.

"이 연이 과연 잘 날 수 있을까?"

둘은 바람이 부는 언덕으로 향했다.

루다는 달리기 시작했다. 온몸으로 바람을 받아 내며 뛰었다. 땅을 기던 연이 계속 달리자 어느 순간 바람을 타고 하늘로 떠올랐다.

연날리기

"떴다!!"

동시에 둘은 소리쳤다.

언덕 위에서 연을 날리던 아이들이 다가왔다. 아이들과 같이 연날리기를 할 생각을 하니 마음이 두근거렸다. 연날리기를 해 본 적이 있다. 심지어 잘한다는 소리도 들었다.

"이제 그만하고 가자."

개똥이가 고개를 숙이며 서둘러 루다를 잡아끌었다.

"무슨 소리야. 이제 막 시작했는데?"

"얼마 전에 내 연을 빼앗은 애들이야. 난 연 만드는 건 잘하는데 연날리기는 자신이 없어."

연을 손에 든 아이들이 루다와 개똥이를 둘러쌌다.

"연 찾으러 왔냐! 오늘은 무슨 연을 만들어 온 거냐? 멋지기만 하고 잘 날지도 못하는 연, 낄낄낄."

머리도 크고 몸집도 큰 아이가 눈앞에 흔드는 연을 보니, 무척 공을 들여 만든 연이었다. 루다는 연날리기에 자신 없어 하는 개똥이의 기도 살려 주고 싶었다.

"우리가 오늘 연날리기에서 이기면 그 연 다시 돌려줘!"

"여자가 연을 날리고 싶으면 집 안 마당에서나 할 것이지.

어디 밖에서 연을 날리겠다는 거야. 부끄러운 줄 알아야지."

몸집이 큰 아이가 침을 퉤 뱉으며 말했다.

"그런 게 어딨어. 하고 싶으면 하는 거지."

루다는 앞으로 쭉 나서며 말했다.

"하라 그래. 어차피 연도 못 날릴걸."

다른 아이가 혀를 낼름 내밀었다.

다른 아이들도 루다와 개똥이를 내려다보며 낄낄거렸다. 루다는 그 순간 아이들이 물리쳐야 할 까만 괴물처럼 보였다.

"두고 보자. 내가 다 이겨 줄 테다."

루다는 주먹을 꽉 쥐었다.

"나도. 빼앗긴 내 연을 찾을 테야."

개똥이도 새롭게 결심이 섰는지 루다를 따라 주먹을 꼭 쥐었다.

하지만 다른 아이들의 연을 본 순간 루다는 한숨이 나왔다. 아이들이 시간을 들여 만든 연에 비해 자연에서 얻은 재료로 뚝딱 만든 연은 볼품없었다. 종이는 구겨지고, 대나무 테두리도 한쪽이 살짝 휘어져 있었다.

아까는 분명 날았는데, 자신감 상실의 결과인지 연은 몇 번이나 루다 머리 위도 올라가지 못하고 바로 땅에 팍, 꽂히고 말았다. 연처럼 루다 심장도 철렁 내려앉았다.

아이들이 키득거리는 소리가 루다 머리 위에서 맴맴 돌았다. 개똥이가 다가와 소매를 잡아당겼다.

"그만 가자. 연은 또 만들면 돼."

"아니야. 이대로 갈 수 없어."

루다는 고개를 저었다.

게임에는 미션을 수행해야 하는 순간이 온다. 그리고 해결 방법은 꼭 있다. 갑자기 머릿속에 불이 반짝였다. 예전에 봤던 《옛날 놀이의 과학》이라는 책 속 한 구절이 떠올랐다.

연은 앞머리가 바람을 적당히 가르도록 꺾여 있어야 하고, 줄은 일정한 긴장감을 주며 풀어야 한다.

"잠깐만! 줄 좀 다시 감자. 그리고 이거……."

루다는 연의 중심 막대기를 살짝 눌러 각도를 조정했다.

루다는 다시 연을 들었다. 숨을 들이쉬고 달리기 시작했다.

"하나, 둘, 셋……!"

하늘 높이 날아오른 연

연이 팔랑이며 공중으로 치솟았다. 루다는 뛰면서 줄을 살살 풀었다. 줄이 팽팽해졌다가, 연이 휘청, 그러다 다시 올라갔다. 아이들 사이에서 낄낄거림이 멈췄다.

하늘 높이 떠오른 연 꼬리가 햇살에 반짝였다. 루다는 숨을 고르며 줄을 감았다. 결국 루다 연이 제일 높이 오랜 시간 떠 있었고, 개똥이 연이 두 번째였다.

루다는 몸집이 큰 아이에게 연을 받으며 모두를 둘러보았다.

"이건 밖에서 하는 남자 놀이가 아니야. 그냥 연날리기야."

루다는 연줄을 잡은 손을 꽉 쥐며 말했다.

“좋아. 다음에 연싸움 할 건데 너도 와라.”

루다는 곧 돌아가야 하니 약속을 할 수 없다. 개똥이만 고개를 여러 번 끄덕였다.

“애들이 여자라고 뭐라 할까 봐……, 가지 말자고 한 거야?”

“응……. 하지만 지금은 네가 자랑스러워. 누나한테 네 얘기하면 엄청 좋아할 거야.”

개똥이 칭찬에 루다는 어깨가 더 한껏 올라갔다.

”다른 놀이는 뭐 해?“

“제기차기. 제기는 내가 제일 높이 차올리는데……, 헛발질을 잘해서 빨리 죽어.”

“제기는 어떻게 만들어?”

“제기는 엽전을 종이에 싼 다음, 남은 부분을 갈라서 만들어. 종이 말고 헝겊으로 하기도 하고, 겨를 넣은 가죽 주머니에 꿩 깃을 꽂아 만들기도 해.”

“너는 뭘 잘하는데?”

“음, 난 팽이치기! 팽이치기는 오래 돌리는 사람이 이기는

제기차기

거야. '멀리 치기'는 멀리 가면서도 오래 돌아야 하고, '빨리 돌아오기'는 정해 놓은 곳까지 빨리 몰고 돌아와 오래 돌아야 하고, '부딪쳐 돌아오기'는 장애물에 힘껏 부딪게 하였다가 와서 오래도록 돌아야 해."

개똥이도 루다처럼 놀이에 대해 잘 알고 있었다.

개똥이는 주머니에서 팽이를 꺼냈다. 어쩐지 주머니가 처음부터 불룩하다 했다. 팽이까지 갖고 다니는 걸 보면 진심으로 노는 걸 좋아하는 아이이다.

"난 상대 팽이와 부딪쳐서 오래 도는 쪽이 이기는 '찌게 돌리기'를 잘해. 열심히 연습도 했고, 팽이도 단단한 나무로 만들었거든."

개똥이는 루다에게 줄과 팽이를 건넸다.

"너도 한 번 해 봐. 너무 급하게 던지지 말고, 너무 약하게 던지지도 말고."

루다는 줄을 감았다. 숨을 크게 들이쉬고 휙, 던졌다.

바로 땅에 꽂혔다. 학교에서도 몇 번 해 본 적이 있는데, 개똥이가 준 팽이는 많이 무거웠다.

두 번째도 도는 듯하다가 바로 멈췄다.

팽이치기

"다시 해 봐. 여러 번 하다 보면 저절로 돼."

개똥이 말에 힘을 얻어 다시 도전했다.

빙글빙글, 돌고 또 돌았다.

"됐다!"

루다 마음도 팽이처럼 기분 좋게 돌아갔다.

"역시 나는 놀이 박사야. 곧 마법사의 경지에 오를 듯, 너도 놀이에 대해 잘 아는데……!"

개똥이는 씨름하는 곳을 보다가 루다 말도 듣지 않고 그쪽으로 달려갔다.

루다는 돌고 있는 팽이 옆구리를 세게 때렸다. 팽이가 미친 듯이 돌았다. 팽이가 커다란 구덩이를 만들어 루다를 삼킬 것 같았다.

'개똥이가 집으로 가는 열쇠가 아닐지도 몰라. 어떻게 해야 하지?'

루다는 눈물을 꾹 참고 개똥이가 있는 곳으로 슬슬 걸어갔다.

개똥이는 씨름하던 곳을 떠나 그 옆, 줄다리기하는 데 있었다. 두 편으로 나뉘어 굵고 긴 새끼줄을 양쪽에서 끌어당

씨름하는 모양

겼다.

"줄쌈이야. '줄로 싸운다(겨룬다)'는 뜻이야. 줄쌈은 주로 정월 대보름에 하지만, 우리 동네에선 매년 단오에 마을끼리 해. 이긴 마을에 풍년이 든대."

루다 얼굴도 안 보고 줄다리기만 보면서 개똥이가 말했다.

"흥, 누가 그런 이야기 듣고 싶대?"

루다는 입이 삐쭉 나오고 코가 벌름거렸다. 눈물이 나올까 봐 눈을 꾹 감았다.

"혼자 있는 게 얼마나 무서운지 알아? 여기는 내가 살던 곳도 아니고, 난 어디로 가야 하는지도 모른단 말이야."

개똥이는 고개를 숙이고 숨을 삼켰다. 개미만 한 목소리로 "미안해……. 네가 너무 씩씩해서 괜찮은 줄 알았지" 했다. 루다가 친구들에게도 자주 들었던 말이다.

꼬르륵 꼬르륵. 루다의 뱃속에서 요란하게 소리가 났다.

"우리 집 다 왔어. 밥 먹고 갈래?"

'밥이라고? 개똥이 잘못쯤이야.'

줄쌈하는 모양

루다는 삐져 나온 눈물을 닦으며 개똥이 어깨를 살짝 두드렸다.

"개똥아! 밥 먹어."

멀리서 들려오는 소리가 달콤했다.

"어, 누나다. 배 고프다. 빨리 가자."

개똥이는 소리가 나는 쪽으로 달리기 시작했다. 개똥이를 따라 뛰면서 기분이 좋아졌다. 기분이 좋으니 방구가 나왔다. 뛸 때마다 뽕뽕뽕 박자가 맞았다.

개똥이네 집 근처에는 기와집이 없었다. 초가집만 옹기종기 모여 있었다. 그중 한 집의 싸리문을 열고 개똥이가 안으로 들어갔다. 허름했지만 살림살이들이 가지런히 놓여 있었다.

개똥이 엄마와 누나가 저녁 준비를 했다.

개똥이 누나는 머리를 단정하게 땋았다. 분홍 저고리에 푸른 치마를 입고 있었다.

"누나, 남자 어른들 줄쌈하는데 옆에서 응원했어. 우리 쪽이 이겼어. 내가 응원해서 이긴 거겠지, 헤헤."

"그럼, 개똥이 덕분이지. 호호."

"씨름 시합도 했어. 샅바가 없어서 허리띠를 잡고 하는 띠씨름을 했어."

샅바는 씨름할 때, 허리와 다리에 매어 상대편이 손잡이로 쓸 수 있게 만든 것이다. 씨름은 샅바를 잡고 하는데, 상대방을 넘어뜨리는 사람이 이긴다.

"이겼어?"

"응."

"개똥이는 뭐든지 잘하는구나."

솜사탕 같은 목소리였다. 개똥이 누나 눈가에 부드러운 웃음이 번졌다.

"헤헤. 기분 좋은데."

남매의 대화를 듣고 있으니 마음이 간질간질해졌다.

개똥이란 이름이 처음엔 좀 웃겼는데, 개똥이 누나가 계속 불러 주니 아주 정겹고 다정하게 느껴졌다.

'현실 남매로는 절대 나올 수 없는 모습이야.'

루다는 고개를 저었다.

언니를 낳아 달라고 다섯 살 때부터 졸랐다. 언니는 낳을 수 없다는 걸 알게 된 날, 유치원에 안 가고 집에서 엉엉 울

밥 푸며 상 놓는 모습

었다. 일곱 살부터는 심심할 때마다 동생이라도 낳아 달라고 소리쳤다. 근데 아직 소식이 없다.

혼자인 게 더 좋다는 아이들도 있으니, 동생이 없는 게 더 좋은 거라 여기며 살고 있다. 없는 동생은 어쩔 수 없고……, 루다는 돌아서서 훌쩍 눈물을 삼켰다.

'엄마, 아빠. 보고 싶어.'

비현실 속 남매는 아직도 다정한 대화를 하고 있었다.

"개똥이는 어떤 놀이가 제일 좋아?"

"음……, 누나랑 했던 자혜 놀이? 내가 져 주면 누나가 웃거든."

"뭐야. 못하는 게 아니라 져 주는 거였어, 호호."

《한국의 놀이》에서 봤던 '계집아이 자혜 뛰는 모양'이 떠올랐다. 그 그림에 개똥이를 끼워 넣으니 더 재미있는 놀이처럼 여겨졌다.

루다 반에도 공깃돌을 한 번 잡으면 100년을 거뜬히 넘기는 남자아이가 있다.

그러고 보니 조선시대 여자아이들 놀이는 집 안에서 하거나 명절 같은 특별한 날에만 하는 것 같았다.

"개똥이는 무엇이 되고 싶어?"

누나가 개똥이에게 물었다.

"아직, 잘 모르겠어. 생각 안 해 봤는데."

"개똥이가 무엇이 되고 싶은지 찾아올래. 그럼 누나의 비밀을 알려 줄게."

"누나한테 비밀이 있어?"

개똥이는 누나 쪽으로 몸을 확 기울이며 누나를 빤히 쳐다보았다.

루다도 귀가 쫑긋 섰다.

'혹시, 미션 완성의 힌트인가? 개똥이가 무엇이 되고 싶은지 찾는 일. 그리고……, 누나의 비밀을 아는 것. 분명 내가 할 일이 있을 거야.'

루다는 눈을 부릅뜨고 주먹을 꼭 쥐었다.

"개똥아, 내가 도와줄게."

루다 목소리가 얼마나 컸는지, 개똥이와 개똥이 누나가 "아이쿠, 깜짝이야" 하더니 귀를 막았다.

루다가 오고 나서 그렇게 조선의 하루가 지나갔다.

3. 장터에 가다

"사람들이 무슨 일을 하는지 알아야 해. 그래야 무엇이 되고 싶은지 빨리 찾을 수 있어."

루다의 머리가 평소보다 더 잘 돌아갔다.

"맞아. 직접 보면 더 빨리 찾을 거야. 마침 오일장이 섰으니 시장으로 가 보자."

개똥이도 빨리 누나의 비밀을 알고 싶은지, 적극적으로 나섰다.

둘은 마을 끝에 있는 고개를 넘어 장터로 향했다.

점점 사람 소리가 크게 들려왔다. 북 치는 소리, 닭 우는 소리도 사람들 말소리에 섞여서 들려왔다. 시장 입구부터 사람들이 북적북적했다.

둘은 춤을 추듯 몸을 흔들며 흥겨운 시장 안으로 들어갔다. 셀 수도 없을 정도로 많은 물건이 루다와 개똥이를 반겨 맞았다.

"어, 꽈리다!"

루다는 신기해서 개똥이를 끌고 갔다.

한 아이가 꽈리를 사 달라고 엄마를 조르고 있었다.

강원도에 있는 할머니네 집에는 마당에 꽈리나무가 심겨 있다. 할머니는 루다가 가면 꽈리를 주셨다. 꽈리는 붉은 속 껍질이 얇은 종이 같았다. 다 같이 입에 넣고 푸푸 거리면서 웃었던 기억이 났다.

꽈리 장수는 엽전을 받고, 엮은 꽈리에서 몇 개를 빼서 그 엄마에게 주었다. 딸은 푸푸 소리를 내면서 멀어졌다.

"뭘 그리 빤히 보누. 옜다. 한번 불어 봐라."

루다는 꽈리를 받아 조심스레 입에 물고 불었다. 꽈리에서

시장

꽈리 장사

'휘잉~' 하는 가느다란 음이 피리처럼 울렸다.

"봤어? 한 번에 성공했다고!"

루다는 기뻐서 겅중겅중 뛰었다. 개똥이는 꽈리를 샀다.

"엄청 좋아하는 것 같아서……."

개똥이는 꽈리를 건네고 고개를 숙인 채, 웃음을 감추려는 듯 빨리 걸었다.

루다는 이번에는 닭 장수를 보았다.

'후라이드를 먹을까, 양념을 먹을까. 반반 먹자, 흐흐.'

침이 꼴깍 넘어갔다. 닭이 루다를 째려봤다. 얼른 얼굴을 돌려 개똥이를 불렀다.

"개똥아, 이리 와 봐. 닭이 있어! 앗, 갓 쓴 아저씨도 있다."

닭 장수는 갓 쓴 아저씨와 흥정을 하고 있었다.

갓 쓴 아저씨가 가고 난 뒤에 닭 장수 아저씨는 머리에 두른 수건을 풀러 땀을 닦았다.

"집에서 정성 들여 키웠더니 토실토실해져서 제값을 받았어. 닭 덕분에 밥은 굶지 않겠구먼."

닭 장수 아저씨 말을 들으니, 장사도 괜찮을 것 같았다.

"개똥아, 이 다음에 장사를 해 보는 건 어때?"

닭 장사

"힘들지 않을까?"

"힘들지 않은 일이 어딨겠어. 잘하면 부자가 될 수도 있잖아."

시장에는 구경거리도 넘쳐났다. 공연도 벌어졌다.

장구 소리가 들렸다. 사람들이 우르르 몰려갔다. 광대가 밧줄 위로 폴짝 뛰어올랐다. 잠시 휘청거렸으나, 부채를 휘두르며 균형을 잡았다.

"와!"

루다도 개똥이도 놀라 소리를 질렀다.

줄 광대가 악사들의 반주에 맞춰 줄을 타면서 어릿광대와 재담을 했다.

잘나고도 못난 놈, 못나고도 잘난 놈,
잘나고도 이쁜 놈, 이쁘고도 무서운 놈,
무섭고도 겁나는 놈, 겁나고도 떨리는 놈,
떨리고도 괜찮은 놈.

광대 줄 타고

줄 위에서 춤을 추고, 노래를 부르고, 웃긴 이야기도 했다. 루다는 줄 타는 광대에게 눈이 콕 박혀서 손끝 하나도 움직이지 않았다.

갑자기 줄 타는 광대가 밑으로 뚝 떨어졌다.

"어, 어!"

루다도 놀라고, 사람들도 놀라서 소리를 질렀다. 그러자 광대는 바로 튕겨 올라가 줄 위에서 부채를 흔들었다.

루다는 광대에게서 눈을 떼지 않고 옆에 있을 개똥이를 쿡쿡 찔렀다.

"줄 타는 광대가 되는 건 어때?"

"뭐라구? 좋으면 너나 해라."

버럭 지르는 소리에 놀라 쳐다보니 개똥이가 아니었다.

루다가 광대에게 정신이 팔려 있는 동안 개똥이는 다른 곳으로 간 것이다. 갑자기 시장이 무서워졌다.

'난 길도 잘 모르는데…….'

루다는 훌쩍, 나오려는 눈물을 안으로 밀어 넣었다.

'조선에서 길을 잃으면 어떡하지? 경찰서는 없을 테고, 포도청에 가야 하나?'

빨리 개똥이를 찾아야 했다.

"저번에도 놔 두고 가더니. 또! 만나기만 해 봐라!"

루다는 씩씩대며 주위를 둘러보았다. 다른 공연도, 신기한 물건도 아무것도 눈에 들어오지 않았다. 개똥이만 찾았다. 비슷하게 생겨서 달려가 보면 아니었다. 몇 번이나 그랬다. 옷도 머리도 비슷해서 더 찾기가 어려웠다. 점점 더 겁이 났다.

'혼자라도 개똥이네 집을 찾아가는 게 나을까? 아냐, 그러다 진짜 길을 잃어 버리면.'

루다는 어느 쪽으로 가야 할지 결정을 할 수 없었다.

"루다, 앞으로 무엇을 할지 빨리 결정하라고 개똥이를 재촉했잖아. 그런데 너는 바로 해야 하는 중요한 판단도 못 하고 있어. 용기 있는 루다는 어디로 갔지?"

루다는 힘을 얻기 위해 자신에게 말을 걸었다.

그때였다.

"아저씨, 조금만 더 보게 해 주세요."

개똥이 목소리가 들렸다.

목소리가 나는 곳으로 가니 그리 멀지 않은 곳이었다. 뜨거운 불길이 나는 곳 앞에 서 있던 개똥이가 루다를 보았다.

"어, 너 얼굴이 왜 이래? 울었어?"

"울긴 누가 울었다는 거야! 너, 혼자 가면 어떡해!"

루다는 소리를 빽 질렀는데, 생각만큼 목소리가 크게 나오지 않았다.

"너는 꼼짝도 않고 보고 있고, 나는 줄 타는 광대가 떨어질까 봐 가슴이 콩닥 거려서 더 못 보겠더라고. 나는 높은 데가 무섭거든. 잠깐 다른 데 갔었지."

"걱정도 안 했지!"

루다 목소리가 금방 사그라들었다.

"금방 다시 갔는데 네가 없더라고. 찾다가 무쇠솥 만드는 거 잠깐 보고 있었어. 너는 워낙 똑똑해서 길을 잃을 것 같지 않더라고."

"음, 내가 좀 똑똑하긴 하지."

루다는 개똥이를 만난 순간, 너무 반가운 나머지 그다음부터 개똥이의 모든 말이 다 정겹게 들렸다.

"가마집에 불을 때면 쇠가 물처럼 되고, 벌건 쇳물이 또 다른 모양이 되는 게 신기해."

뜨거운 불길이 솟고 아저씨들이 땀을 뻘뻘 흘리고 있었다.

"뭘 만드나 가까이 가서 들여다보자."

개똥이가 루다 손을 잡고 이끌었다.

"위험하다. 저리로 가!"

루다와 개똥이를 보고 한 아저씨가 소리를 질렀다. 둘은 놀라서 냉큼 뒷걸음쳤다.

"가라, 가. 아이들이 뭘 이런 걸 구경하니?"

"그럼, 아이들은 뭘 구경해요!"

개똥이는 자기가 말해 놓고도 깜짝 놀라는 표정이었다.

"이놈아, 그러다 다치면 어떡하려고 그래."

아저씨가 좀 아까보다 조금 누그러진 목소리로 말했다.

개똥이는 미련이 남았는지 계속 슬금슬금 살펴보더니 속삭이듯 루다에게 말했다.

"루다가 옆에 있으니 점점 용기가 생기는걸."

루다는 개똥이의 등을 콩콩 때리고 고개를 돌려 피식 웃었다.

"개똥아, 너는 어떤 일이 제일 좋아 보여?"

가마점

루다는 개똥이를 못 찾는 동안 세상의 끝에 온 기분이었다. 만약 개똥이를 못 만났다면? 개똥이 집도 못 찾을 것 같았다. 덜컥 겁이 났다. 빨리 답을 찾고, 집에 가고 싶었다.

"잘 모르겠어. 아직 마음에 드는 일을 못 찾겠어. 사람들을 즐겁게 해 주는 일도 하고 싶고."

'무슨 애가 묻는 것마다 힘들다, 잘 모르겠다는 소리만 해.'

루다는 입 밖으로 튀어나오기 직전 말을 꿀꺽 삼켰다.

개똥이를 만나기 몇 분 전에 '내가 진짜 용기 있는 사람인가?' 고민했던 게 바로 생각났기 때문이다.

"그럼 너는 줄 타는 광대가 딱이야!"

"높은 데는 무섭다니까."

개똥이가 무릎을 굽히고 뒤뚱뒤뚱 걸었다. 그 모습에 마음이 풀어져 웃음이 나왔다.

"하하, 나를 즐겁게 해 주었으니 네 꿈도 반은 이루어졌네."

루다는 개똥이를 놀리면서 장터를 빠져나왔다. 개똥이는 느릿느릿 걸어왔다. 루다는 한숨이 나왔다.

'개똥이는 이렇게 다양한 일을 하는 사람들이 모인 시장에서도 무엇이 될지 찾지를 못했으니, 언제 찾는담.'

개똥이는 자기 집은 잘 찾아갔다.

'하긴 자기 집을 못 찾는 게 이상한 거지.'

루다는 말없이 개똥이 뒤를 따라갔다. 집 안으로 들어선 순간 아늑함이 루다를 감쌌다.

'집이 이렇게 따뜻한 곳이었구나. 엄마, 아빠가 있는 집은 얼마나 더 좋을까.'

루다는 더 오래 생각할 수 없었다. 밥을 먹고는 곧 곯아떨어졌다.

4. 빨리 찾아야 할 텐데!

개똥이도 누나의 비밀을 빨리 알고 싶었다.

'나는 천천히 오래 보고 생각해야 하는데, 루다는 뭐든지 너무 빨리빨리 하려고 해. 몰래 빠져나오길 잘했어.'

아직 잠에서 깨지 않은 루다를 더 자게 해 주고 싶은 마음도 있었다. 누나의 말을 듣고 난 뒤부터, 개똥이는 사람들이 어떤 일을 하는지 관심이 갔다.

많은 사람들이 농사를 짓는다. 개똥이네 부모님도 아침 일찍 논밭에 나가고 한밤중에 들어올 때가 많다. 요즘은 더 바쁘다고 하셨다. 어떤 때는 남의 농사일을 도우러 집을 떠나 있기도 했다.

'누나가 있어서 너무 다행이야.'

부모님이 바쁠 때면 누나가 살갑게 개똥이를 돌봐 주었다.

부모님은 개똥이에게 농사를 지으라고 하진 않았다. 개똥이는 볏단을 쌓거나 탈곡을 할 때 조금 거들었다.

아침에 따뜻한 밥을 먹었다. 입 안에 남은 보리 한 알을 꼭꼭 씹었다.

'농사에 대해 조금 더 생각해 봐야겠어.'

사람들이 무리를 지어 걸어가고 있었다. 맨 앞에 선 남자의 팔뚝 위에는 매가 앉아 있었다. 사냥개 2마리는 앞에서 어서 가자고 재촉하는 듯 보였다.

"오, 매사냥을 나가는구나!"

개똥이는 자기 팔에도 매가 앉아 있는 상상을 하며 어깨를 으쓱거렸다. 개똥이는 매를 가까이 보고 싶어 숨을 죽인 채 살금살금 다가갔다.

농부들 밥 먹고

"조심해. 매가 네 눈알을 파먹을 거야."

매를 손에 얹은 아저씨가 소리쳤다. 개똥이는 깜짝 놀라 하마터면 엉덩방아를 찧을 뻔했다.

"하하. 사실 이 매는 훈련을 제대로 받아서 멋대로 움직이지는 않아."

"매를 손에 올리다니, 진짜 용감하세요."

"가죽 장갑이나 헝겊으로 감싸서 아프지는 않아. 매랑 가까워지기까지 고생을 좀 했지. 훈련을 통해 매와 신뢰를 쌓는 게 중요해."

아저씨는 팔을 걷어 올렸다. 깊게 파인 흉터가 꽤 많았다.

"사냥감이 나타나면, 팔을 흔들거나 휘파람을 불어서 매를 날아가게 하지. 각자 매와 통하는 동작이 있거든. 매는 사냥감을 끝까지 잡고 있도록 훈련받았어. 내가 휘파람을 불면, 매가 하늘로 재빨리 날아오르지. 사냥개들이 쏜살같이 그 뒤를 쫓고, 나도 따라 달려. 이때가 세상에서 제일 짜릿해."

말을 마치곤 아저씨는 매사냥하는 사람들 무리를 따라 부리나케 걸어갔다.

개똥이는 토끼를 발견하고, 휘파람을 불고, 매가 날아가

매사냥 가고

쏜살같이 내리꽂는 장면을 떠올렸다.

'멋진 일일까? 하지만 내가 잘할까? 자신이 없어.'

어디선가 북소리가 들렸다. 얼른 달려갔다.

긴 도포를 입은 어른이 부채를 흔들고, 소리를 했다. 그 앞에 앉은 이는 북을 두드리며 박자를 맞추고 있었다.

"창 연습하네. 저렇게 소리를 지르면 속이 다 시원하겠다."

개똥이도 흥얼거리며 따라 불러 보았다.

"아리랑~, 아리랑~, 아라리요~."

뒷짐 지고 지나가던 할아버지가 얼굴을 찡그리고 개똥이를 쳐다보았다.

"허허, 까치도 네 노래 듣고 집을 뜯어 버리겠다."

개똥이는 얼굴이 빨개졌다.

'에구, 노래는 안 되겠다.'

아까부터 지켜보던 고양이의 "야옹, 야옹" 소리가 점점 더 커졌다.

가객창장

"음, 알겠어. 너도 듣기 싫다 이거지. 연습하면 더 잘할 수도 있겠지만, 못 해도 괜찮아. 다른 걸 잘하면 되지."

그때 다른 담 너머에서 여러 악기 소리가 들려왔다. 개똥이는 까치발을 들고 고개를 쏙 내밀어 안을 들여다봤다. 넓은 마루 위에 사람들이 빙 둘러앉아 악기를 연주하고 있었다.

"오오오, 뭐야 저 사람들!"

피리, 해금, 대금, 북, 장구…….

한 사람이 박자를 맞추자 다른 이들이 따라가고, 어느새 마루 위에 소리의 잔치가 벌어졌다.

보라색 도포를 입은 어린 사내가 장구를 쳤는데, 작은 손으로 장구를 쳐대는 모습이 야무져 보였다.

"나이가 많지 않은 것 같은데 장구를 잘 치네."

개똥이는 부럽기도 하고 신기하기도 했다.

"노래는 못하지만, 장구는 장단만 맞추면 되니 배우면 잘할 거 같아. 손으로 하는 건 나름 자신 있거든. 그래, 장구라도 치자. 하지만……, 정말 악기를 배우는 게 내가 하고 싶은 걸까?"

육률악기

개똥이는 계속 까치발을 들고 있었더니 다리가 아팠다. 개똥이는 조용히 발을 내리고 걸었다. 악기 소리는 점점 멀어졌다.

"멋진 일과 사람들이 있다는 건 확실해. 아직도 내가 무엇이 되고 싶은지는 잘 모르겠어……. 그래도 꼭 뭔가가 될 거야. 그냥 '개똥이'로만 살긴 싫으니까."

개똥이는 장터 옆 골목길로 들어섰다. 햇살도 따스하고, 바람도 살랑살랑 불었다.

'루다랑 같이 올 걸 그랬나? 좀 심심한데. 같이 이야기하면 더 좋았을걸.'

조금은 쓸쓸해진 개똥이가 걷는데, 둥, 둥, 둥. 북소리가 들렸다.

"창을 하나? 아님, 악기 연주?"

개똥이는 자신이 보고 듣고 온 소리가 나니 반가운 마음에 달려갔다.

사람들 틈 사이로 이상한 행렬이 보였다. 어떤 사내가 포

죄인 회술레시키고

승줄에 묶여 등에 북을 지고 터벅터벅 걷고 있었다. 포졸이 뒤따라오며 북을 쳤다.

개똥이는 조심스레 물었다.

"저 사람, 왜 등에 북을 지고 가요?"

깃발을 든 포졸이 말했다.

"이건 회술레다. 죄인이 무슨 짓을 했는지 온 마을에 알리는 거지. 이 북을 치면서 죄를 고하고, 사람들에겐 경고가 되는 거야."

"그럼, 저 사람은 어떻게 돼요?"

"죄가 무거워서 회술레 끝나면 곤장을 맞을 거다."

주위를 둘러보니 사람들이 모두 얼굴을 찡그리고 못마땅한 표정이었다.

"쯧쯧, 저래야 죄를 안 짓지. 저런 꼴 당하는 거 보고도 나쁜 짓을 하겠어?"

누군가의 말에 모두 고개를 끄덕였다.

개똥이도 저절로 이마에 주름이 잡혔다. 저절로 주먹도 꽉 쥐어졌다.

"난 절대로 저렇게 되지 않을 거야. 나쁜 짓은 안 할래."

5. 누나의 비밀은?

루다는 개똥이 누나와 마주 앉았다. 방 안 저쪽에 책 한 권이 있었다. 표지가 해지고, 모서리는 나달나달해진 책이었다.

루다는 책을 살며시 집어들었다.

"이거……, 언니가 읽는 책이에요?"

개똥이 누나는 고개를 끄덕였다.

"응. 밤마다 몰래 읽었지. 달빛 아래서 읽은 적도 많아."

"왜 몰래요? 그냥 읽으면 안 돼요?"

개똥이 누나는 조용히 웃었지만, 금방 눈가가 촉촉해졌다.

"여자는 글을 배울 필요도 없고, 하고 싶은 일을 할 수도 없어. 집안일만 잘하면 돼. 음식이나 빨래나 옷감을 짜는 일. 물론 그런 일이 중요하지 않다는 건 아냐. 하지만 나는 책도 읽고 세상도 알고 싶고 하고 싶은 게 많았어. 내 처지에 그런 기쁨을 모르는 게 더 나았을지도 몰라."

목소리는 담담했지만, 개똥이 누나는 말을 하는 동안 눈썹이 자꾸 올라가고, 이마에 잔주름이 잡혔다.

'언니가 많이 힘들었구나. 책을 마음껏 볼 수 있는 것도 큰 복이네.'

"그래도 난 책을 읽었어. 이 책은 하도 읽어서 요 모양이 됐지."

개똥이 누나는 책을 소중히 쓰다듬었다. 마치 상처 난 마음을 어루만지는 느낌이었다. 개똥이 누나가 살포시 웃었다.

"내 진짜 꿈이 뭔지 아니?"

'오, 이것은 '누나의 비밀'인가?'

루다는 가슴이 콩닥콩닥 뛰었다.

빨래하는 모양

항라 짜는 모양

'아직 개똥이가 무엇이 되고 싶은지는 못 찾았지만, 순서가 바뀌어도 괜찮겠지.'

개똥이 누나는 조용히 일어나 장롱 깊숙이에서 종이 뭉치를 꺼냈다. 그림 몇 장이 곱게 싸여져 있었다.

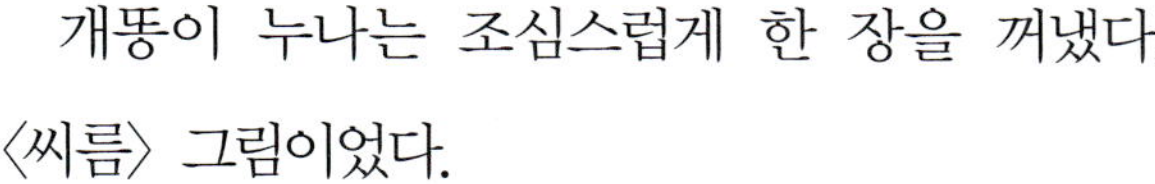

개똥이 누나는 조심스럽게 한 장을 꺼냈다. 〈씨름〉 그림이었다.

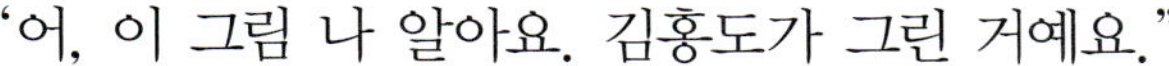

"어, 이 그림 나 알아요. 김홍도가 그린 거예요."

"그래. 정말로 이 그림이 유명한가 보구나."

"이런 그림을 풍속화라고 하고, 풍속화는 백성들 사는 모습을 그린 거라는 것도 아는데요."

개똥이 누나의 입이 활짝 벌어졌다. 루다가 보니 무언가 빨리 말하고 싶어 입이 근질거리는 얼굴이다. 루다는 바짝 다가가 들을 자세를 취했다.

"풍속화는 영조 임금님과 정조 임금님 시대부터 많이 그리기 시작했어."

"왜 그때부터 풍속화를 많이 그린 거예요?"

"명나라가 망하고 1700년대부터 조선이 변화하기 시작했어. 명나라에서 눈을 돌려 우리에게 진짜 중요한 게 뭔가라는 생각을 하게 됐어. 우리 땅, 우리 것에 대한 관심이 높아지고, 학문도 실용적인 것을 중요하게 여겼지. 이런 생각이 그림에도 영향을 미쳐 우리의 생활 모습과 문화를 담은 풍속화가 유행하게 되었어. 일반 백성 중에도 경제적으로 여유 있는 사람이 생기면서 자신들의 문화를 만들어 갔지. 영조와 정조, 두 임금님도 문화와 예술에 관심이 많았고."

"풍속화는 어떤 사람이 그렸어요?"

"처음에는 윤두서 같은 양반 출신들이 서민의 모습을 그리기 시작하다, 차츰 도화서에 속한 직업 화가인 화원이 그렸어. 김홍도, 신윤복, 김득신 같은 분들은 모두 화원 출신이야."

개똥이 누나는 〈씨름〉 그림을 루다가 보기 좋도록 돌려놓았다.

"단원 김홍도는 주로 서민들의 생활을 그렸는데, 색을 많이 쓰지 않고 배경을 생략했지. 표정과 모습에 중점을 두어 감정과 느낌이 잘 드러나."

개똥이 누나는 또 한 장의 그림을 펼쳐서 보여 주었다.

김홍도 〈씨름〉 (사진·위키피디아, 국립중앙박물관 소장)

신윤복 〈쌍검대무〉 (사진·국가유산청, 간송미술관 소장)

"이건 혜원 신윤복의 〈쌍검대무〉라는 그림이야. 신윤복은 여인들과 양반 사대부들의 생활 모습을 많이 그렸어. 배경을 적절하게 그려 주고 색을 다양하게 써서 화려하게 그렸지. 그 뒤를 이은 김득신은 김홍도의 화풍을 이어받아 정감 있고 해학적인 풍속화를 그렸어."

개똥이 누나는 뺨이 발그레해졌다. 루다도 좋아하는 이야기를 할 때 그런데, 개똥이 누나도 그랬다. 루다는 개똥이 누나를 바라보았다.

"언니는 화가가 되고 싶었어요?"

개똥이 누나는 웃으며 고개를 끄덕였다.

"응. 어릴 때부터."

"그래서 김홍도나 신윤복 같은 화가의 그림을 따라 그린 거군요. 계속할 거죠?"

개똥이 누나는 '휴' 하고 깊은 한숨을 쉬었다.

"아니……. 책 읽는 것도 어려운데, 화가 되기는 더 힘들 거야."

개똥이 누나는 말을 흐리고 눈길을 다른 곳으로 돌렸다. 루다도 개똥이 누나의 눈길을 따라갔다. 창 밖에 새 한 마리가 앉아 있었다.

"개똥이는 언니가 그림 그리고 싶어 하는 거 알아요?"

"아는지, 모르는지 모르겠는데."

'이 이야기가 비밀일까?'

"사실 개똥이가 울까 봐, 아직 말 못 한 것이 있어."

'오, 진짜 누나의 비밀이다!'

개똥이 누나가 막 입을 열려고 할 때, 개똥이가 뛰어 들어왔다.

"나, 찾았어."

루다는 기뻐서 벌떡 일어났다.

'이제 돌아갈 수 있다!'

6. 또 하나의 꿈

“개똥아, 그래서 무엇이 될 거야?”

“아직…….”

“뭐야. 찾았다고 했잖아. 잘난 척하고 혼자 가더니.”

“한 가지는 정했어. 나쁜 사람이 되지 않는 것.”

“무엇이 될지를 찾아오랬는데, 안 될 것을 찾아왔네.”

개똥이 목소리가 점점 기어 들어갔다.

“이 정도로는 누나 비밀을 알 수 없겠지?”

개똥이가 눈썹을 찡그렸다.

둘의 대화를 듣고 있던 개똥이 누나는 참았던 웃음을 터

트렸다.

"하하. 한 가지라도 정했고, 개똥이가 훌륭한 고민을 했으니 당연히 알려 줘야지."

개똥이 누나는 갑자기 얼굴이 발그레해지더니 이야기에 뜸을 들였다.

"누나가 다른 꿈 하나는 이루었어. 누나가 좋아하는 사람이랑 혼인하는 거. 나 곧 혼인해."

개똥이 눈이 커다래지더니 그렁그렁해졌다.

루다도 그런 비밀일 줄은 몰랐다.

"누나, 진짜 좋아하는 사람이야?"

개똥이 누나는 웃으며 고개를 끄덕였다.

"응. 내가 고른 사람이야."

"근데……, 어떻게?"

누나는 싸리문 쪽을 슬쩍 가리켰다.

"저기, 방물장수가 오시네."

"방물장수가 뭐 하는 사람이에요?"

"방물장수는 여자들이 쓸 물건들을 갖고 다니며 장사를 하는 사람이야."

방물장수 아주머니가 보따리를 내려놓았다.

"필요한 물건 있나 볼래?"

방물장수 아주머니가 보따리를 풀었다. 비단, 무명천에 댕기, 족두리, 노리개, 비녀도 보였다. 거울과 빗, 부채도 있고 화장품인 연지랑 분도 있었다. 바늘과 실, 골무. 심지어 놋그릇도 있었다. 개똥이 누나는 무명천과 바늘과 실, 골무를 골랐다.

방물장수 아주머니가 개똥이 누나에게 편지를 내밀었다. 개똥이 누나도 편지를 주었다.

"난 누나가 필요한 물건을 사는 줄 알았어요."

"물론 필요한 물건을 샀지. 그러면서 편지를 부탁한 거야."

개똥이 누나 말에 방물장수 아주머니가 말을 이었다.

"우리는 안 가는 데가 없단다. 그러니 온갖 소식을 다 듣지. 이 마을에 총각이 있고, 저 마을에 처녀가 있다는 것도. 그러다 보니 중매도 가끔 해."

방물장수 아주머니가 개똥이 누나에게 종이에 싸인 물건을 주었다.

"자, 여기 부탁한 거. 다음에 또 올게."

방물장사

방물장수 아주머니가 떠났다.

개똥이 누나가 종이를 벗기니 잘 깎여진 나무 인형이 나왔다.

“이건 개똥이 거. 루다 거는 준비를 못 했네. 다음에 준비해 줄게,”

‘언니는 다음이 없다는 걸 모르겠지.’

루다는 아까부터 궁금한 걸 물어보았다.

”그분은 어떻게 만났어요?“

“이전부터 마음에 두고 있었는데, 단옷날 개똥이 찾으러 다니다가 거리에서 부딪쳤어. 넘어진 나를 일으켜 주고 걱정해 주는 모습이 무척 좋은 사람 같더라고. 그 이후에 딱 한 번, 몰래 만나서 이야기를 했는데, 자꾸 보고 싶은 거야. 꿈을 향해 계획을 세웠지. 나는 좋아하는 사람이랑 혼인하는 게 꿈이었거든.”

개똥이는 입을 꼭 다물고 손에 쥔 나무 인형만 뚫어져라 보고 있었다. 하지만 몸은 루다와 누나 쪽으로 점점 기울어졌다.

"편지로 마음을 알아보고 나중에 중매를 부탁했어."

"좋아하는 사람이랑 사귀다 혼인하는 건 당연한 게 아닌가요?"

루다는 고개를 갸우뚱하며 물었다.

"혼인은 집안과 집안이 맺어지는 거라서 혼인 당일에야 얼굴을 보는 경우가 많아. 혼인하기 전에 사람을 사귄다는 것은 너무너무 힘들어."

'조선시대는 좋아하는 사람이랑 혼인하는 게 꿈이라니. 꿈은 시대에 따라 달라지는구나!'

드디어 개똥이 누나가 혼인하는 날이다.

신랑이 마을 입구에 들어섰다. 얼굴을 가렸는데, 자꾸 웃는 것처럼 보였다. 개똥이 누나랑 혼인하는 게 정말 좋은 것 같았다.

개똥이는 아침부터 입을 꾹 다물고 있었다. 그러다 조그맣게 말을 했다.

"매부가 밉기도 하고, 조금은 늠름해 보이기도 하고 마음이 왔다 갔다 해. 누나가 없는 집을 생각하면 자꾸 눈물이

장가가는 모양

날 것 같아…….”

초례상이 차려졌다.

보통 초례상엔 떡과 과일, 청색, 홍색 양초 한 쌍, 소나무 가지와 대나무 가지를 꽂은 꽃병 한 쌍 등이 놓인다. 쌀, 밤, 대추도 놓고, 청색과 홍색 보자기에 싼 닭 한 쌍은 남북으로 나누어 놓는다.

소나무와 대나무는 절개를 뜻하고, 쌀은 장수와 식복을, 밤은 장수를, 대추는 남자아이를 많이 낳기를 바라서 놓는다. 수탉은 악귀를 쫓고, 암탉은 다산을 기원한다.

초례상은 집집마다 조금씩 다르다. 개똥이네는 조금 간소하게 차렸다.

신랑, 신부가 초례상 앞에 섰다.

개똥이 누나는 초록색 저고리에 다홍치마를 입었는데, 얼굴이 하얀 비단 같았다. 그 앞엔 관복을 입고 사모관대를 한 눈빛이 따뜻한 사내가 서 있었다.

“우리 누나 참 곱지.”

신부, 신랑 초례하는 모양

개똥이는 안 울려고 애를 썼다.

“누나는 글도 배워서 책도 읽고, 하고 싶은 일은 하려고 노력했어. 누나가 좋아하는 사람이랑 혼인하는 꿈은 이뤄서 다행이야. 화가가 되고 싶은 꿈은 못 이루었지만.”

“누나가 그림 그리는 걸 알았어?”

“그럼. 나도 그림 그리는 것 좋아하거든.”

개똥이가 희미하게 웃었다.

“조선은 이전과는 많이 달라지고 있어. 누나의 또 다른 꿈도 이루어지길 바라. 나는 계속 누나를 응원할 거야.”

루다는 언니가 행복하기를 간절히 빌었다.

이제 개똥이 누나의 비밀도 밝혀지고 혼례도 치렀으니, 루다는 돌아갈 것이다. 개똥이와 눈이 마주쳤는데, 그만 눈물이 찔끔 나왔다. 개똥이는 루다를 보고 주르륵 눈물을 흘렸다.

신랑의 큰절, 신부의 수줍은 인사. 축하의 말들과 웃음, 그리고 몰래 흘리는 눈물. 모든 것이 낯설고 아름다웠다.

혼례가 끝난 뒤, 개똥이 누나는 루다에게 다가와 말했다.

“나의 꿈은 다른 누군가가 이루어 줄 거야. 너의 꿈도 응원할게."

루다는 뭉클해져서 또 찔끔 눈물을 흘렸다.

조선에도, 지금도 몰래 품었던 사람들의 꿈이 있었다.

개똥이 누나는 혼례식을 하고 난 3일 뒤, 신랑을 따라 시댁으로 갔다.

루다는 개똥이네 집 뒷마당에 가만히 앉았다. 마당에는 모란과 작약이 피었다. 그림 그리는 걸 좋아하는 사람이라면 그리고 싶은 풍경이다.

개똥이는 아침부터 언덕에 올라갔다. 거기 가면 누나 집이 보일 거라나.

개똥이는 아직 무엇이 될지 정하지는 않았지만, 한 가지는 확실히 정했다. 그리고 무엇이 된다는 게 꼭 직업을 선택해야 하는 건 아닐 거다. 사랑하는 사람과 혼례를 치르는 게 누나의 비밀이라면 혼례를 치르고 신랑 집으로 갔으니, 루다는 지금쯤 도서관 책상 앞에 있어야 한다.

하지만 여기는 아직도 개똥이네 집.

"휴, 내가 무얼 풀어야 돌아가는 거지?"

새가 울었다. 더 엄마, 아빠 생각이 났다.

개똥이 누나의 그림 보따리를 풀었다. 개똥이 누나의 목소리가 들리는 듯했다. 한참 그림을 보고는 다시 묶어 올려놓는데 그림 한 장이 팔랑 떨어졌다.

"이건 예전에 왔었던 방물장수 같은데……."

루다는 자세히 보려고 그림에 얼굴을 더 가까이 댔다. 그 순간 빛이 나면서, 눈앞이 하얗게 빙글빙글 돌았다. 이곳으로 올 때와 같은 일이 벌어지고 있었다.

'방물장수가 사람들을 연결해 준다고 하더니 나를 원래 있던 장소로 데려가는 건가? 개똥이한테 인사는 하고 가야 할 텐데.'

루다는 그림 속으로 빨려 들어갔다.

7. 루다는 누구를 만난 걸까?

루다는 주위를 둘러봤다.

"이곳은 여전히 조선의 개똥이네 집 마당이잖아."

하지만 조금 달랐다. 초가지붕이 기와지붕으로 바뀌고, 집이 조금 더 커졌다. 모란과 작약은 여전히 피어 있는데, 주변 나무들이 무성했다.

개똥이네 집 마루 위에 누군가 있다. 루다는 등 뒤로 살금살금 다가갔다. 남자 어른이 먹으로 그림의 선을 그리고 있었다. 그림에 열중해서인지 루다가 다가가도 눈치채지 못했다.

잠시 뒤, 남자 어른은 색칠할 도구들을 정리했다. 굵기가 다른 붓을 가지런히 놓았다. 색을 풀 종기 그릇이 올망졸망 모였다.

그때 중년 여인이 집으로 들어섰다. 루다는 얼른 마루 밑으로 숨었다. 두 사람의 대화가 들려왔다.

"오늘도 많이 그렸니?"

"응, 물론이지. 무엇이 될지 찾으라는 누나 덕분에 그림을 그리게 됐잖아. 열심히 해야지. 누나도 같이 그리니, 누나도 꿈을 이뤘네."

"호호, 아직도 배울 게 많아. 색은 어떻게 만들었어?"

"붉은색은 적토(붉은 흙)로, 흰색은 백토(하얀 흙)로, 노란색은 등황, 치자, 송화분 등을 사용했어. 등황은 중국에서 수입해서 비싸. 그래서 치자를 썼지. 푸른색은 토청을 사용했고. 여기 짙은 청색이 나는 남 색깔은 쪽에서 색을 뽑았어."

"자연에서 나는 것으로 색을 만드는구나."

"응. 누나는 물감을 덜어 내어 그릇에 넣고 물과 아교를 넣어. 그리고 손가락으로 잘 풀어 줘. 이 물감은 석채야. 돌을 곱게 갈아 만든 거지. 오늘은 서양에서 들여온 양지에 그릴 거야."

루다는 궁금하기도 하고, 더 이상 마루 밑에 있는 것이 힘들어서 슬그머니 밖으로 나왔다.

"어머나! 얼굴이 흙투성이야."

여인이 깜짝 놀라며 수건을 가지러 갔다.

"허허, 우리 집에 궁금한 게 있나 보구나. 이리 와서 그림 그리는 거나 구경해라."

동네 아이들이 자주 이 집에 드나드는 모양이었다. 루다는 얼른 고개를 숙이고 그림 그리는 것을 보려고 가까이 갔다.

그는 밑 선이 그려진 종이에 색을 칠했다. 그의 붓이 지나간 자리마다 색이 입혀졌다. 다 그린 후 그는 다시 한번 그림에 선을 쳤다. 고르고 가늘게 친 먹선은 그림을 더 정갈하고 세련되게 만들었다.

"먹은 원래부터 우리나라 먹이 유명했단다. 선 처리는 대부분 먹으로 하지만, 색에 따라 원래 색보다 조금 진한 색으로 하기도 하지."

루다가 개똥이와 본 장면들이 그림으로 생생하게 되살아나 있었다.

'누군데 이런 그림을 그리지?'

"이것도 마저 선을 쳐야겠다."

그는 색이 다 칠해진 그림을 막 앞에다 펼쳐 놓으려고 했다. 그때 여인이 루다를 부엌으로 불렀다. 대야에 물을 떠서 씻어 주었다. 수건으로 루다 얼굴을 닦아 주다가 루다를 빤히 봤다.

"넌 옛날의 루다랑 너무 똑같이 생겼는데. 넌 누구니? 루다는 갑자기 사라졌단다."

"네?"

루다는 놀라 입이 벌어졌다. 루다는 벌떡 일어나 그림 그리는 그에게 갔다.

그는 선을 다 치고, 오른쪽 윗모서리에 '널뛰는 모양'이라고 오른쪽에서 왼쪽으로 가로로 길게 썼다. 그리고 나무함에서 도장을 꺼내 정성스럽게 찍었다. 낙관 모양이 도서관에서 본 책 속 그림에 있는 것과 똑같았다.

"이 낙관은 뭐라고 읽어요?"

그는 다른 그림을 꺼내 '단오에 산에 올라 추천하고'라고 쓰고 낙관을 찍었다. 루다는 그림을 뚫어져라 봤다. 도서관에서 루다가 놀라는 바람에 살짝 찢어졌던 그림이었다. 그림은 똑같은데 개똥이 누나와 개똥이, 그리고 루다는 그 그림 속에 없었다.

"언니는 왜 바뀐 거야? 나는, 그리고 개똥이 너는?"

루다와 그의 눈이 딱 마주쳤다. 친숙하고 반가운 얼굴이었다. 그는 입을 다물지 못하고 루다를 빤히 봤다.

"어떻게 내 어릴 때 이름을 알지? 혹시, 너는?"

갑자기 주위가 환해졌다. 루다는 마음이 급해졌다.

"나는 루다야. 안녕!"

루다는 빙글빙글 돌았다.

루다는 도서관 책상 앞에 있다. 책상 위에는 《한국의 놀이》가 펼쳐져 있었고, 복도에선 남자아이들과 여자아이들이 섞여 공기놀이를 하고 있었다.

8. 김준근에 대해 더 알아볼까요

개똥이는 커서 '기산(箕山)'이란 호를 짓고, 그 호로 낙관을 찍는 화가가 되었다. 루다는 개똥이가 어떤 사람인지, 어떻게 기산이라는 호를 가진 화가가 되었는지 너무 궁금했다.

온 힘을 다해 개똥이의 흔적을 찾았다. 책과 인터넷을 뒤지며 폭풍 검색을 시작했다. 먼저 기산을 쳤더니 이미지에 그가 그린 그림이 나왔다. 이름이 김준근이었다.

아무리 뒤져도 김준근의 일생에 대한 것은 고작 몇 줄의 정보뿐이었다. 누구도 언제 태어났는지, 어디서 살았는지를 정확하게 알려 주지 않았다.

'이렇듯 그림도 선명하고, 또 그림도 많이 남아 있는데, 어쩌면 이럴 수가?'

개똥이의 삶을 조선의 누구도 기록하지 않았다. 조선에서 김준근은 기록에 남길 만하지 않은 사람이었던 건가?

루다는 모든 정보를 정리해 〈루다가 아는 김준근의 모든 것〉이라는 제목으로 신문을 만들었다. 도서관 사서 선생님이 눈을 가늘게 떴다 동그랗게 떴다 하며 김준근 책도 찾아주고 많이 도와주었다.

루다가 아는 김준근의 모든 것

김준근은 그림을 아주 많이 그렸습니다. 전 세계 20여 개 나라의 유명한 박물관, 미술관에 약 1,500점(개인 소장 포함)의 그림이 보관되어 있습니다. 그런데도 정작 그림을 그린 김준근에 대해서는 알려진 게 거의 없습니다.

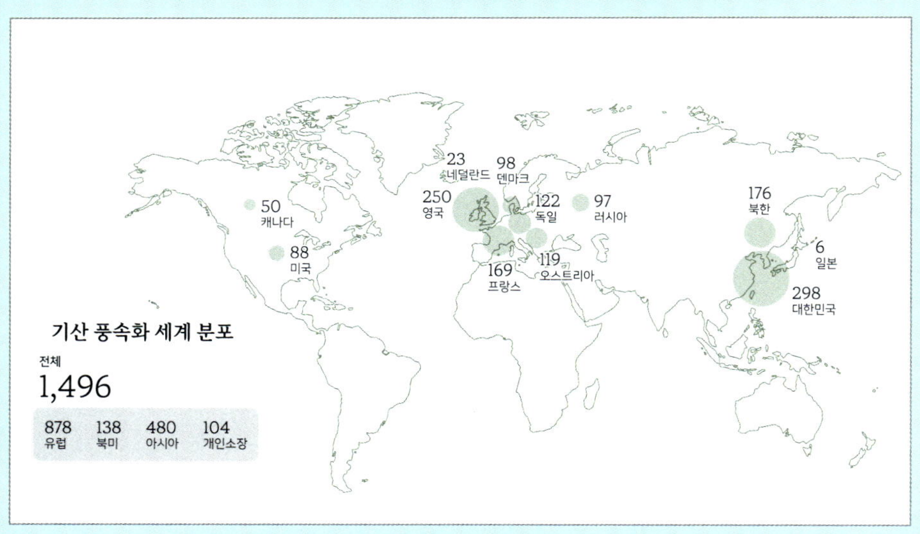

김준근 그림의 세계 분포 김준근의 그림 1,496점은 당시에 우리나라를 다녀간 여행가, 외교관, 선교사 등 외국인에게 많이 팔려 나가서, 현재 그의 풍속화는 독일, 프랑스 등 유럽과 북미 박물관에 주로 소장되어 있어요.

김준근은 호가 '기산(箕山)'입니다(내가 시간여행에서 돌아와서 그림에 찍힌 낙관을 보고 정확히 알게 되었어요).

김준근은 주로 1880년~1890년대 서울, 부산, 원산, 제물포 등에서 활동했습니다. 외국인들이 찾아와서 부탁할 정도로 그 당시에는 유명한 풍속 화가였다고 합니다. 함경도 원산과 부산 초량은 개항 이후 외국인들의 출입이 잦았던 곳입니다.

김준근은 외국 사람 책에도 그림을 그렸어요

김준근은 선교사들을 돕던 기독교인으로, 《천로역정(텬로력뎡)》이라는 기독교 책에 그림을 그렸습니다.

우리나라에 최초로 번역된(1895년) 《천로역정》 조선어판에 김준근이 삽화를 그렸습니다. 《천로역정》은 영국 작가인 존 버니언(1628~1688)이 1678년 쓴 작품으로, 기독교도인 주인공이 온갖 역경을 딛고 천국에 이른다는 내용입니다.

엿ᄉᆞ니죽은후에심판을밧을지라내가죽기도원
지아니ᄒᆞ고심판ᄒᆞᆷ도밧지아니코져ᄒᆞ노라젼도
ᄀᆞᆯᄋᆞ되네살기어려오면엇지ᄒᆞ야죽기를원치
아니ᄒᆞᄂᆞ냐ᄃᆡ답ᄒᆞᄃᆡ내등에잇ᄂᆞᆫ짐이나를죽게
ᄲᅮᆫ아니라나ᄅᆞᆯ더옥에ᄲᅡ지게ᄒᆞᆯ가두려워ᄒᆞᄂᆞ

《천로역정》에 삽화로 들어간 김준근의 그림 《천로역정》(1895년) 책 속에 들어간 김준근의 그림에는 예수님이 갓 쓴 모습으로 그려져 있어 재미있어요.

그런데 김준근은 이 책에 그림을 그릴 때, 조선식으로 고쳐 그렸습니다. 등장인물들이 갓을 쓰고 있고, 갓 쓴 예수가 세례를 베푸는 장면도 있습니다. 그 시대에 원래의 책대로 그리지 않고 조선의 전통 화법을 토대로 서양 화법을 적용하여 그림을 그린 놀라운 사례입니다.

《천로역정》 외에도 김준근 그림은 외국인이 쓴 책의 삽화로도 쓰였습니다. 조·미수호통상조약의 대표로 온 미국 외교관의 딸인 메리가 주문해 구입해 간 김준근의 그림은 스튜어트 컬린의 책 《한국의 놀이》(1895년)에 삽화로 쓰였습니다.

김준근이 그린 천국 모습에 채색한 그림

김준근은 외국에서 더 유명해요

김준근의 그림 전람회는 우리나라보다는 외국에서 먼저 열렸습니다.

1894~95년에 독일 함부르크 공예박물관에서 김준근의 그림 전람회가 열렸고, 그리고 2006년에는 캐나다 왕립 온타리오박물관과 덴마크 국립박물관 등에서 '기산 전시회'가 잇달아 열렸습니다.

2003년에 뉴욕 크리스티 경매에서 기산의 풍속도(49점)가 32만 달러(약 4억 7,000만 원)에 팔리기도 했습니다.

김준근의 그림이 외국에 많이 있는 것은 외국 사람들의 주문에 따라 그림을 그렸기 때문입니다. 조선을 방문하는 선교사, 상사원, 세관원, 군인, 학자들이 서양에는 없는 조선의 풍속 그림을 원했습니다.

김준근의 그림은 민속놀이, 수공업, 민속예술, 종교, 기생, 혼례, 상례, 관리 행차, 부녀 일상생활, 장애인, 농사, 관형, 시장 및 객귀, 서당 등 다양합니다.

국내 소비보다는 수출용 그림이라서 형벌과 상제례(장례), 연희, 기녀 등의 그림이 많다고 합니다. 외국 사람들이 보기에 더 신기했을 것이기 때문입니다.

또 상업적 목적으로 그린 그림이어서 작은 크기로 그렸습니다. 2명 이상이 참여하는 공동 제작 방식으로 그림을 그렸을 가능성도 있다고 합니다.

김준근 그림의 특징은 무엇일까요?

김준근의 풍속화 그림은 배경을 생략한 채 색을 단순하게 하고, 옅은 색 위주로 가볍게 처리했습니다. 자신의 감정을 빼고 객관적으로 당시의 모습을 담담히 그렸습니다.

김준근은 그림의 제목을 모두 한글로 지었습니다. 그 당시는 한문을 주로 쓸 때인데, 한글 사용에 대해서도 앞선 생각을 했음을 알 수 있습니다.

김준근 덕분에 우리는 19세기 말 조선 사람들이 어떻게 살았는지를 알 수 있습니다. 특히 천대받는 계층과 부녀자의 전통문화, 예술, 종교, 기예 등을 그림으로 볼 수 있습니다.

루다의 각오

루다는 앞으로도 김준근에 대해 더 알아볼 거예요. 어릴 때 개똥이라고 불렸다, 그런 기록을 찾으면 얼마나 좋을까요?

놀이 그림은 따로 정리해 두었어요. 놀이 그림 외에 다른 그림도 더 볼 거예요. 자꾸 보다 보면 우리 조상이 이렇게 살았구나, 진짜로 웃기고 재밌어요. 만화 그림 같기도 해서 따라 그리기도 좋아요. 여러분도 새로운 소식을 알게 되면 루다에게 알려 주세요.

김준근 그림에 색을 칠해 그림을 완성해 보세요

|글쓴이의 말|

김준근의 그림을 보며 여러분의 꿈도 찾아보세요

나는 어느 날, 김준근을 만났어요. 그의 수많은 그림 속에서요. 단순해 보였지만 절대 단순한 그림이 아니었어요. 목적에 맞게 충실하게, 필요에 따라 묘사의 강약을 조절한 매력적인 그림이었습니다. 그 시대의 필요에 따라 화가가 적극적으로 선택한 그림이라 생각되었지요.

궁금했습니다. 이 사람은 왜 이런 그림들을 그렸을까. 더군다나 조선의 모든 부분, 특히 다른 화가들이 그리지 않은 부분까지도 많아서 더 흥미가 생겼어요. 조선시대 다른 풍속 화가들의 그림에 비해 수준이 떨어진다는 말을 들으면, 처음 만화 같은 그림이 나왔을 때 사람들이 보인 반응과 비슷하다 생각했고, 속상했어요. 김준근에게 점점 마음이 갔어요.

그의 삶을 알고 싶어졌어요. 그러나 김준근의 삶에 대해서는 알려진 게 거의 없었어요. 남아 있는 그림의 양에 비해, 이렇게 김준근에 대한 자료가 없는지 놀라웠습니다. 김준근의 삶을 알지 못한 것이 안타까웠지만 화가는 그림으로 남겨지는 것이라 생각하고 아쉬움을 달랬지요.

김준근의 삶을 상상하는 대신 그림들을 가지고 다른 이야기를 하고 싶어졌습니다. 그가 이런 그림들을 그릴 때 어떤 마음이었을까. 목적이 있는 그림이었지만 재능과 애정과 노력이 없었다면 남아 있지 않았을 거예요.

이야기를 만들기 위해 김준근의 그림을 열심히 살펴보고 30여 점 정도의 그림을 선택했습니다. 그러면서 오늘날에도 조선의 풍속이 이어지기도 하고, 회술레 같은 그림처럼 조선시대에 있다가 사라진 풍속도 있었다는 것을 그림을 통해 더 생생하게 알게 되었습니다.

점점 김준근이라는 화가에게 저도 모르게 감사의 인사를 하고 있더군요. 다른 화가들은 그리지 않았던 서민들의 풍속도를 김준근은 1,600여 점이 넘게 그렸습니다. 또 이 그림이 세계로 나가 우리나라를 알리는 초석이 되었습니다. 그림도 훌륭하지만 당대에 그린 너무 귀한 자료인 것만으로도 마구마구 감사했어요.

김준근은 어린이일 때 어땠을까 또 궁금해졌습니다. 그림이 단순해 보이지만 정확하게 묘사한 것이나 이렇듯 다양한 그림을 그린 것을 볼 때 세심하고 호기심이 많으며 마음이 따뜻한 어린이일 것 같았습니다. 《천로역정》에 그림을 그렸다면 새로운 것도 선뜻 받아들이는 용기도 있을 거고요. 김준근 어린이를 상상하기 시작했어요.

그러다 놀이로 세상을 행복하게 만들고 싶은 이루다를 그림 속의 세상으로 보내고 개똥이를 만나게 하였습니다. 그리고 '무엇이 되고 싶니?' 하고 물어보는 이야기가 되었습니다.

일찌감치 꿈을 정하고 그 길을 가기 위해 애쓰는 이루다와 아직 뭐가 될지는 모르지만 무엇이 될까를 고민하다 화가가 된 개똥이의 이야기입니다. 그리고 조선시대에 꿈을 펼치지 못하다가 뒤늦게 자신의 꿈을 이룬 개똥이 누나도 있습니다. 그 이야기를 따라가다 보면 여러분도 무엇이 되고 싶은지 생각하게 될 거예요.

특히 조선시대 사람들의 생활, 특히 어린이들의 생활에 대해 루다와 같이 시간 여행을 하고 다시 지금의 세상으로 오면, 여러분은 조선을 조금은 다르게 느낄 거예요. 조금 더 단단하게 조금 더 풍성해져 있겠지요. 그리고 조금 더 행복해지기를 바랍니다.

김용옥

살아 있는 그림이 되도록 생명력을 불어넣었어요

김준근의 그림을 그린 것은 우연이었습니다. 처음 그림을 보았을 때 단순해서 쉽게 모사할 것 같았고, 인물 중심의 풍속적인 모습만 담겨 있는 것도 흥미로웠습니다. 실제로 김준근의 그림을 그려 보니 단순해 보일 뿐 그림의 디테일은 그대로 살아 있어서 처음 생각처럼 쉽지는 않았습니다. 배경이 없어서 그렇게 느껴졌나 봅니다.

인물의 표정이 다양하지 못하다는 평이 있는 만큼 저도 그 점이 아쉬웠습니다. 그래서 알게 모르게 저만의 표현이 조금씩 들어갔습니다.

김준근의 그림이 많은 만큼 색도 워낙 다양해서, 이 책에 들어가는 그림은 전체적으로 맑고 투명한 느낌이 나도록 색의 톤을 맞추고, 맞지 않는 것은 다시 그리기도 했습니다. 안 보이는 것이 많아 더 선명하게 하는 작업도 했습니다. 가능한 한 생명력(영혼은

거창한 듯하여)을 불어넣어 살아 있는 그림이 되게 하려고 애를 썼습니다.

'단오에 산에 올라 추천하고'는 처음 그린 그림의 색이 마음에 들지 않아 다시 그렸습니다. 두 번째 그린 그림이 처음 그림보다 더 나았습니다. 김준근도 많이 그려서 점점 더 잘 그리게 되었겠지요. 처음 조선시대로 가는 그림으로 캐릭터를 넣었더니 더 정이 갔습니다. 이 책에 나오는 주인공들의 캐릭터는 그림을 방해하지 않는 선에서 조금 그려 넣었습니다.

'광대 줄 타고'는 가장 기분 좋게 그렸습니다. 아마 어렸을 때 부모님과 같이 서커스를 본 기억이 나서 그랬을 겁니다. 나의 느낌이 그림에도 나타났을 것입니다. 김준근의 많은 그림에 표정은 별로 없더라도 작가의 생각과 애정이 가득하다는 걸 알았습니다.

가장 어렵게 그린 그림은 '시장'입니다. 흑백 원본만 있어서 전체적인 느낌을 파악하기 힘들었으며, 원래 그림(29.1×35.8cm)도 크지 않았습니다. 엄청나게 많은 사람들, 초가집, 좌판 등 복잡하면서도 세밀하게 시장의 요소요소가 그려진 것을 보면서 잘 그릴 수 있을까 고민했습니다. 그래서 50x62cm로 크기를 조금 키우고, 시장의 다채로운 느낌이 들도록 채색을 하였습니다. 종이 바탕색이 마음에 들지 않아 다시 한번 그렸는데, 고생한 만큼 결과에 스스로 만족했습니다. 김준근은 저보다 워낙 그림을 잘 그리는 사람이니 저처럼 쉽게 만족하지는 않았을지도 모릅니다.

김준근의 그림을 그리면서 원래 그림의 특성을 살리려고 애를 썼지만, 한편으로는 나의 생각과 느낌을 더했습니다. 김준근의 그림이지만 김준근의 그림과는 또 다른 그림입니다. 어쩌면 김준근 그림에 누를 끼친 건 아닐까 걱정되기도 합니다. 그럼에도 다음을 기약하며 이제는 떠나 보냅니다. 여러분이 보고 이상한 것을 찾으면 나중에라도 다시 그려 주세요.

그리는 동안 즐거웠습니다. 잘 몰랐던 우리나라의 풍속을 더 이해하게 되면서 김준근만 아니라 조선 사람들까지도 정겨워졌습니다. 어린이들도 이 책을 보면서 김준근의 그림을 좋아하고 풍속의 재미를 찾으면 좋겠습니다. 아무것도 몰랐던 저도 그리되었으니 여러분도 그렇게 될 거예요, 하하.

홍재윤

이 책에 모사한 김준근 그림 출처

1. **널 뛰는 모양** : 《한국의 놀이》(스튜어트 컬린/윤광봉 역), 87쪽
2. **눈싸매기하는 모양(여자)** : 《한국의 놀이》(스튜어트 컬린/윤광봉 역), 117쪽
3. **계집아이 자혜 뛰는 모양** : 《한국의 놀이》(스튜어트 컬린/윤광봉 역), 117쪽
4. **단오(端午)에 산에 올라 추천하고** : 독일 MARKK(구 함부르크민족학박물관), 1890년대, 29.8×35.8cm
5. **아이들 노는 모양** : 독일 MARKK(구 함부르크민족학박물관), 1880~1900년대, 28.5×35.0cm
6. **연날리기** : 《조선아동화담》(1891년 일본 학령관에서 발행된 구한말 조선 아이들의 놀이와 풍속을 다룬 책)
7. **제기차기** : 《조선아동화담》
8. **팽이치기** : 《조선아동화담》, 15×11cm
9. **줄쌈하는 모양** : 독일 MARKK(구 함부르크민족학박물관), 1890년대, 29×35.5cm
10. **씨름하는 모양** : 모사 Replica(원본: 프랑스 국립기메동양박물관, 1800년대)
11. **밥 푸며 상 놓는 모양** : 독일 MARKK(구 함부르크민족학박물관), 1880~1900년대, 20.1×16.4cm
12. **시장** : 독일 MARKK(구 함부르크민족학박물관), 1890년대, 29.1×35.8cm, 채색 안 되어 있음
13. **꽈리 장사** : 모사 Replica(원본: 프랑스 국립기메동양박물관, 1880년대, 17×15.1cm)

14. **닭 장사** : 모사 Replica(원본: 프랑스 국립기메동양박물관, 1880년대, 17×13.2cm)

15. **광대 줄 타고** : 독일 MARKK(구 함부르크민족학박물관), 1890년대, 29.8×3.8cm

16. **가마점** : 독일 MARKK(구 함부르크민족학박물관), 1890년대, 29×35.6cm

17. **농부 밥 먹고** : 독일 MARKK(구 함부르크민족학박물관), 1890년대, 29×35.6cm

18. **매사냥 가고** : 독일 MARKK(구 함부르크민족학박물관), 1890년대, 29.1×35.8cm

19. **가객창장(歌客唱場)** : 〈기산풍속도첩〉(숭실대 기독교박물관 소장)

20. **육률악기(六律樂器)** : 서울역사박물관, 19세기 말 이후, 26.9×19.4cm, 채색 안 되어 있음

21. **죄인 회술레시키고** : 독일 MARKK(구 함부르크민족학박물관), 1890년대, 29.2×35.6cm

22. **빨래하는 모양** : 독일 MARKK(구 함부르크민족학박물관), 1890~!900년대, 20.1×16.4cm

23. **항라 짜는 모양** : 모사 Replica(원본: 프랑스 국립기메동양박물관, 1880년대, 16.9×13.1cm)

24. **장가가는 모양** : 독일 MARKK(구 함부르크민족학박물관), 1890년대, 28.8×34.8cm

25. **신부, 신랑 초례하는 모양** : 독일 MARKK(구 함부르크민족학박물관), 1890년대

26. **박물장사(방물장사)** : 〈기산풍속도첩〉(숭실대 기독교박물관 소장)

왜 천천히 읽기를 해야 하는가?

'천천히 읽는 책'은 그동안 역사, 과학, 문학, 교육, 지리, 예술, 인물, 여행을 비롯해 다양한 주제와 소재를 다양한 방식으로 펴냈습니다. 왜 천천히 읽자고 하는지 궁금해하는 독자들이 있어서 몇 가지를 밝혀 둡니다.

- '천천히 읽는 책'은 말 그대로 독서 운동에서 '천천히 읽기'를 살리자는 마음을 담았습니다. 천천히 읽기는 '천천히 넓고 깊게 생각하면서 길게 읽자'는 독서 운동입니다.
- 독서 초기에는 쉽고 가벼운 책을 재미있게 읽을 수 있는 방법으로 시작해야겠지요. 그러나 독서에 계속 취미를 붙이기 위해서는 그 단계를 넘어서 책을 깊이 있게 긴 숨으로 읽는 즐거움을 느낄 수 있어야 합니다. 그래야 문해력이 발달합니다.
- 문해력이 발달하는 인지 발달 단계는 대체로 10세에서 15세 사이에 시작합니다. 음식을 천천히 씹으면서 맛을 음미하듯이 조금 어려운 책을 천천히 되씹어 읽으면서 지식을 넘어 새로운 지혜를 깨달을 수 있습니다.
- 독서 방법에는 다독, 정독, 심독이 있습니다. 천천히 읽기는 정독과 심독에서 꼭 필요한 독서 방법입니다. 빨리 많이 읽기는 지식을 엉성하게 쌓아 두기에 그칩니다. 지식을 내 것으로 소화하기 위해서는 정독이 필요하고, 지식을 넘어 지혜로 만들기 위해서는 심독이 필요합니다.
- 어린이들한테는 쉽고 가볍고 알록달록한 책만 주어야 한다고 생각하는 어른들이 있습니다. 그러나 독서력이 높은 아이들은 어렵고 딱딱한 책도 독서력이 낮은 어른들보다 잘 읽습니다. 그런 기쁨을 충족하지 못할 때 반대로 문해력도 발달하지 못하면서 책과 멀어지게 됩니다.

'천천히 읽는 책'은 독서력을 어느 정도 갖춘 10세 이상 어린이부터 청소년과 어른까지 읽는 책들입니다. 어린이, 청소년과 어른들(교사와 학부모)이 함께 천천히 읽으면서 이야기를 나눌 수 있는 읽기 자료가 되기를 바라는 마음에서 만들고 있습니다.